가온 시선집 019

시인 생활 연작시집

시인 백서

김관식 제5시집

◆ 프롤로그

문학 본연의 본질적인 가치실현을 위하여

 문단 생활 40여 년 동안 줄곧 문학평론과 시와 동시를 써온 사람입니다. 1976년 전남일보 신춘문예 문학평론으로 문단에 발을 들여놓아 시와 동시를 쓰며 평생을 공부하며 살아왔습니다.
 저에게는 시를 쓰는 순간이 가장 행복하고, 남의 작품을 읽고 작품의 가치를 재창조해내는 평론을 쓰면서 살아온 생활을 후회하지 않는다.
 요즈음 100세 시대 퇴직 후 소일거리를 찾아 늦깎이로 문단에 등단하여 글쓰기에 빠진 문인들이 많다. 그 얼마나 가치 있는 일인가? 자기의 생각이 담긴 글을 남기고 싶다는 소망이 나이도 잊고 시작에 몰입할 수 있다는 것은 행복한 일이다.
 문단 생활을 해오면서 최근의 문단 상황을 다 같이 생각해보자는 뜻에서 시인 생활 연작시집 『시인 백서』에 80편의 시를 모았다.
 비판적인 시각으로 문단과 시인의 생활을 비판한 것에 대해 못마땅하게 여기는 분들도 있을 것이다. 그러나 잘못된 관행이나 풍토는 우리 시인들 스스로가 고쳐나가야 시단이 정화될 것이다.
 악화는 양화를 구축한다는 크레샴 법칙이 문단에도 통용되는 고질적인 문단 관행은 사라져야 시인으로서의 당당할 수 있을 것이다.

예로부터 시인은 선비의 자세로 바르게 살아왔다. 나라의 위기가 닥쳐올 때마다 시인들은 민족을 자각하고 온몸으로 자기를 희생하며 선봉의 길을 걸어왔다.

일제강점기 이육사, 윤동주, 심훈, 한용운, 이상화, 심연수, 등 수많은 시인들이 민족의 정신적 지주가 되어 투철한 저항의식으로 희생을 치렀다. 나라가 위급할 때는 자신의 안위를 생각하지 않고 민족의 안위만을 생각하고 선봉에 선 분들이 바로 문인들이었고, 그 문인들 중에는 유독 시인들이 많았다.

시와 시인의 삶이 일치한 삶을 살다간 시인들의 굳은 선비정신은 나라를 위해 몸 바친 호국영령의 거룩한 군인정신과도 그 맥이 같다. 각기 방법만 달랐다 뿐이다. 정신적이냐 육체적이냐의 비중에만 차이가 있을 뿐 나라사랑의 정신은 똑같다.

선진 대한민국으로 나아가는 국민의 정신적인 양심과 스승의 역할은 시인의 몫이다. 시단이 바로 서야 시인이 존경받지, 시단이 시정잡배 집단 같다면 누가 시인을 존경하고 따르겠는가?

자기의 마음을 닦고 자아실현의 문화 창조의 창작행위가 시 창작인 만큼 세속의 명리적인 가치보다는 문학 본연의 본질적인 가치를 존중하고 실현해나가자는 뜻에서 현대 시인의 생활 이모저모를 살펴보았다.

의욕을 앞세우다 보니 시적인 형상화가 부족하고 부끄럽지만 다 같이 생각해보는 기회가 되길 바란다.

2016년 10월
김관식 씀

차 례

3 ∞ 프롤로그

1부 시인 공화국

11 ∞ 시인이 많다-현대 시인·1
12 ∞ 용감한 시인-현대 시인·2
13 ∞ 낭독 시인-현대 시인·3
14 ∞ 낭송시인-현대 시인·4
15 ∞ 대중들이 좋아하는 시인-현대 시인·5
16 ∞ 시인 공화국-현대 시인·6
17 ∞ 일기장 시집-현대 시인·7
18 ∞ 원고료와 게재료-현대 시인·8
19 ∞ 시인 단체-현대 시인·9
20 ∞ 거창한 명함-현대 시인·10
21 ∞ 현대시의 흐름-현대 시인·11
22 ∞ 독자 탓하는 시인-현대 시인·12
23 ∞ 문예지 등급-현대 시인·13
24 ∞ 언어의 엑기스-현대 시인·14
25 ∞ 문예사조를 모르는 시인-현대 시인·15
26 ∞ 시집 추천사-현대 시인·16
27 ∞ 상금 없는 문학상-현대 시인·17
28 ∞ 출판기념회-현대 시인·18
29 ∞ 감투 큰 시인-현대 시인·19
30 ∞ 독자의 몫-현대 시인·20

2부 맛있는 시

33 ∞ 신 디아스포라 시-현대 시인·21
34 ∞ 시화전-현대 시인·22
35 ∞ 지하철 시-현대 시인·23
36 ∞ 늦깎이 등단 시인들-현대 시인·24
37 ∞ 문단 선배-현대 시인·25
38 ∞ 신춘문예 공모-현대 시인·26
39 ∞ 글 모집 광고 시대-현대 시인·27
40 ∞ 문학비 1-현대 시인·28
41 ∞ 문학비 2-현대 시인·29
42 ∞ 든 시인, 난 시인, 된 시인-현대 시인·30
43 ∞ 사이비 시인-현대 시인·31
44 ∞ 잔소리-현대 시인·32
45 ∞ 작고 시인 문학관-현대 시인·33
46 ∞ 정치 시인-현대 시인·34
47 ∞ 변죽만 울려라-현대 시인·35
48 ∞ 시 낚기-현대 시인·36
49 ∞ 시상 떠올리기-현대 시인·37
50 ∞ 맛있는 시-현대 시인·38
51 ∞ 오감으로 쓴 시-현대 시인·39
52 ∞ 시 발표 잘하는 시인-현대 시인·40

3부 완벽한 시는 없다

55 ∞ 발표욕-현대 시인·41
56 ∞ 문학 강연-현대 시인·42
57 ∞ 문학 강연의 청중-현대 시인·43
58 ∞ 시 따로 시인 따로-현대 시인·44
59 ∞ 시 해설-현대 시인·45
60 ∞ 팔리지 않는 시집-현대 시인·46
61 ∞ 누구나 시를 쓸 수 있다-현대 시인·47
62 ∞ 무자격 등단-현대 시인·48
63 ∞ 시인 명함-현대 시인·49
64 ∞ 등단 잡지 전속 시인-현대 시인·50
65 ∞ 늦깎이 시인의 소원-현대 시인·51
66 ∞ 시단 미아-현대 시인·52
67 ∞ 신인상 응모-현대 시인·53
68 ∞ 시인 양산-현대 시인·54
69 ∞ 시인과 시 평론가-현대 시인·55
70 ∞ 시인과 학위-현대 시인·56
71 ∞ 이런 시인이 되고 싶습니다-현대 시인·57
72 ∞ 현대시 창작법-현대 시인·58
73 ∞ 완벽한 시는 없다-현대 시인·59
74 ∞ 시집 발간 후 소감-현대 시인·60

4부 시인의 행복

77 ∞ 시 쓰는 행복-현대 시인·61
78 ∞ 명시 비결-현대 시인·62
79 ∞ 시로 뽑은 인재-현대 시인·63
80 ∞ 시단의 오염-현대 시인·64
81 ∞ 신인의 생활-현대 시인·65
82 ∞ 나쁜 소문-현대 시인·66
83 ∞ 시인의 행복-현대 시인·67
84 ∞ 노벨문학상을 위하여-현대 시인·68
85 ∞ 인터넷시의 홍수-현대 시인·69
86 ∞ 표절 시인-현대 시인·70
87 ∞ 광고지 대신 시를-현대 시인·71
88 ∞ 시의 정의-현대 시인·72
89 ∞ 시의 종류-현대 시인·73
90 ∞ 감투정신-현대 시인·74
92 ∞ 뒤에서 헐뜯는 시인-현대 시인·75
94 ∞ 시인 등급-현대 시인·76
95 ∞ 시인과 독자-현대 시인·77
96 ∞ 시인 칭호-현대 시인·78
97 ∞ 문예지 창간-현대 시인·79
98 ∞ 에필로그-현대 시인·80

100 ∞ 시인 김관식

1부
시인 공화국

시인이 많다 —현대 시인 1

현대는
시다운 시는 보기 힘들고

시인은
많이 볼 수 있다

시보다
시인이 더 많아
시인이 시가 된다.

용감한 시인 -현대 시인 2

현대시는
감동이 없다
독자가 없다

감동 없는 시를 발표하는
시인의 이름만 즐비하다
독자는
그 시인이 누구인지 모른다

자주 눈에 띄는
시인은 용감한
포스트모더니즘 시대의 첨병

끈질기게 시를 많이 발표하여
시단에 이름이 자주 오르고 내리는
용감한 시인들
너무 감동적이다.

낭독 시인 -현대 시인 3

시를 읽는 사람이
없으니까
낭독하는 시인이 있다

읽지 않는 시를
낭독하여
흥을 돋우어주는 시

시는 없고
낭독하는 시인의 모습이
시가 되고 있다.

낭송시-현대 시인 4

현대시는
낭송시가 아니다

노래를 잃고
그림으로 그려내기 때문이다
그런데
낭송하는 시인들이 많다

시 같은 시는 읽지 않으니
엉터리 시를 입으로도 그려서
낭송한다.

대중들이 좋아하는 시인 -현대 시인 5

대중들이 좋아하는 시는
연애시다.

쉽게 불붙고
쉽게 시드는
인스턴트 사랑 시대

인스턴트 사랑 시를
독자들은 좋아한다

인기 시인은
문단에 없고
서점에 있다.

시인 공화국 -현대 시인 6

등단한 시인들이
해마다 넘친다

대한민국은
시인 공화국

시는 시인의 숫자만큼
기하급수적으로 불어나지만

읽어주는 독자는
기하급수적으로 줄어들고 있다

시인을 읽어주는 독자는
시를 쓰는 시인과
그 가족들이다

이웃들에게
읽어달라고
공짜 시집을 선물한다.

일기장 시집 -현대 시인 7

시인은 많으나
좋은 시는 없다

시집은 많으나
좋은 시집은 없다

일기장
시집

시인
혼자 읽는다.

원고료와 게재료 -현대 시인 8

원고료를 받고
시를 쓰는 시인은 없다

게재료 주고
시를 발표하는 시인은 많다

저작권자
누구인지
아리송하다.

시인 단체 -현대 시인 9

시인 단체는
참 많다

취향이 같은
시인들끼리만 모인
친목단체

회비 내고
술 먹고
밥 먹고
노래방 가고
시시덕거리거나
삼삼오오
잘 나가는 시인들
입방아 찧는 시를 쓰며

놀면서
온몸으로 시를 쓰는
시인들이 참 많다.

거창한 명함 -현대 시인 10

시는 쓰지도 않으면서
시인 단체 명함만
거창한 시인이 많다

감투정신이
투철할 뿐
시인정신은 없다

시를 쓰겠다는 것보다
시인 직함만 노리는
허깨비 시인이 많다.

현대시의 흐름 -현대 시인 11

시는
웅변이 아니다
말보다 그림이다

웅변을 따르면
낭송시가 되고

그림을 따르면
사물 시가 된다.

독자 탓하는 시인 -현대 시인 12

서툰 목수가
연장 탓한다

시를 모르는 시인이
독자 탓한다

잘 쓴 시는
독자들도 감탄한다

독자가 시를 읽지 않는 것은
재미없는 시를 썼기 때문이다.

문예지 등급 -현대 시인 13

문예지도
등급이 있다

시인도
관문에 따라 등급이 달라진다

명품 시인은
신춘문예, 최우수 문예지 출신들

명품 시인답게
우수한 시도 남긴다.

언어의 엑기스 -현대 시인 14

현대시는
언어의 꽃단장이 아니다

꽃단장하면
품바가 된다

현대시는
언어의 엑기스다

엑기스로 만들면
보약이 된다.

문예사조를 모르는 시인 -현대 시인 15

갓 쓰고
양복을 입는다

모더니즘 시대에
낭만주의 시가 판을 친다

지나가는
개도 다 짖겠다

소도
웃을 일이다.

시집 추천사 —현대 시인 16

시집에는
유명 시인 추천사가 있고
대학교수나 평론가의 사족이 있다

시는
엉터리인데
추천사와 사족이 그럴싸하다

팔리지 않는 시집
유명 시인 이름 덕으로
자화자찬
홍보 광고 시집이다.

상금 없는 문학상 -현대 시인 17

문학상 받지 않는
시인이 없다

상금은 없고
오히려 상금만큼 빼앗기고 받는
문학상

빛 좋은 개살구
많이 받으면
빚진다.

출판기념회 -현대 시인 18

시집 출판기념회를
화려하게 개최하는
시인일수록
기가 막힌 시집이더라

화려한 잔치
기름진 음식 같은
호화 장정의 시집

과대포장
시에서
구린내 난다.

감투 큰 시인 -현대 시인 19

똥 싼 시인이
더 큰 소리친다

감투 큰 시인이
목소리 크다

시는
목소리의 크기가 아니라
감동의 크기다.

독자의 몫 —현대 시인 20

꽃밭에서
쓴 시
꽃향기 풍기고

시장 바닥에서
쓴 시
땀 냄새 풍긴다

어느 시를 더 좋아하느냐는
독자의 몫이다.

2부
맛있는 시

신 디아스포라 시 -현대 시인 21

시 이론을 알고
시를 쓸 줄 모르는 사람이
시인을 가르치고
시인을 뽑는다

외국 이론으로
뽑다 보니
한글로 된
외국 시

제 나라에 살면서
디아스포라
시를 쓴다.

시화전-현대 시인 22

읽지도 않는 시를
시화로 전시한다

그림과 서각 등
다양한 재료에다
꾸며놓은 시화 액자

그림을 보여주려는 것인지
시를 보여주려는 것인지
아리송하다.

지하철 시 -현대 시인 23

도시 지하철
안전문 유리창에
하얀 글자로 새겨진 시들이
눈길을 끈다

읽지 않는 시
죽어서
소복 입고
행인들을 쳐다본다.

늦깎이 등단 시인들 —현대 시인 24

늦깎이 시인으로 등단하여
소일거리로 시를 쓰는
전업시인들

시인협회는
노인당이 되었다

늙은 시인이 쓴 시를
젊은이들은
쳐다보지도 않는다.

문단 선배 -현대 시인 25

찬물도 위아래가 있다
먼저 등단한 시인이
문단선배

시단의 질서는
시가 선배다

늦깎이 등단하여
부끄러운 줄 모르고
나이로 선배 자리 앉는다

높은 감투 차지하고
어른 행세다

시를 모르니
뵈는 게 없다
노망 시인이 그렇다
미꾸라지들이 그렇다.

신춘문예 공모 -현대 시인 26

해마다
연말이 되면
일간신문에서
신춘문예 공모를 한다

열병 앓은
문학 지망생
가슴부터 두근거린다
초등학생부터
100세 늙은이까지
남녀노소
직업 불문
신춘문예에 응모한다

시인이 되겠다는 것보다
상금에 눈독 들여
시 미끼 던지고

산타클로스 할아버지
당선 선물 기다린다.

글 모집 광고시대 - 현대 시인 27

공모 나라에는
글 모집 광고가
즐비하다

상금을 내걸고
로또 복권 당첨 혹시나
시를 응모한다

잘 쓴 시가 목적인지
광고가 목적인지
불분명한
공모들

로또 당첨 같은
행운을 기다리는
응모자들

신정부터
실망이 대단하다.

문학비 - 현대 시인 28

시를 돌에 새기는
문학비가 인기이다

오래오래
돌에 새겨
시인의 존재를 남기고 싶은
시인들

시집보다
오래 남겠으나
엉터리 시는
두고두고
제 이름에 먹칠한다.

문학비 -현대 시인 29

공원에는
시비들이 많다

유명 시인부터 무명 시인들의 시까지
생각 없이
조경용으로 꾸민 시비

자칫 잘못하면
조롱거리
시빗거리

시비 때문에
시비 아닌 시비
불똥이 튄다

든시인, 난시인, 된시인 -현대 시인 30

든 시인은
든 시를 남겨
많이 배우고

난 시인은
난 시를 남긴다
재주가 좋아
시보다 이름을 남긴다

된 시인은
된 시를 남긴다
뛰어난 인격
오래도록 가슴에 남는
좋은 시를 남긴다.

사이비 시인 -현대 시인 31

나쁜 시인은
나쁜 시로
독자를 쫓아내고

못된 시인은
못된 시로
대중들을 못된 길로 인도하고

막된 시인은
막된 시로
대중들을 혼란에 빠뜨리고

이 모두
사이비 시인
시를 욕되게 한다.

잔소리 -현대 시인 32

잔소리를
모두 싫어한다

시는 잔소리 없는
압축이다

시를 모르는 시인
잔소리가 많다

시인 혼자만의
넋두리
혼이 없는
언어의 쓰레기다.

작고 시인 문학관 －현대 시인 33

죽은 시인의
문학관이 여기저기
생겨났다

죽은 시인
이름으로 주는
문학상

죽은 시인이
살아있는 시인에게 주는 상금
살았을 때
빚진 걸 갚는 거다

문학상을 받은 시인
죽어서는
이자까지 쳐서
후배 시인에게
상금을 갚아야 한다.

정치 시인 -현대 시인 34

시인이 정치에 뛰어들면
시도 정치를 한다

시는 양심이다
양심도 잃고
시도 잃는다

정치는 아무나 하나?
시는 아무나 쓰나?

변죽만 울려라 —현대 시인 35

다 보여주면
다시 찾지 않는다

다시 찾도록
궁금하게 만들어야 한다

더 보고 싶어
안달하도록
변죽만 울려라

시 낚기 -현대 시인 36

깊은 생각의 바다에
체험을 미끼로
낚싯대를 드리워야
번뜩이는
언어가 낚인다

미끼가 시원찮거나
낚시꾼들이 들락거린 곳에서
입질이 안 온다

느긋하게
기다려라

조급하면
대어는 커녕
졸시도 안 낚인다.

시상 떠올리기 -현대 시인 37

새로운 곳을 찾아
새로운 것들을 많이 봐야
좋은 생각이 떠오른다

번뜩 떠오르는
생각을 잡아야 한다

골방에 앉아서
머리를 짜내면
고리타분한 생각만 나온다

자연을 가까이해야
좋은 생각이 떠오른다

맛있는 시 -현대 시인 38

누구나 부담 없이
맛있게 먹는 시가
좋은 시다

고급 재료를 썼다고
맛있는 시가
되는 게 아니다

값싼 재료라도
요리만 잘 하면
훌륭한 요리가 되듯이

언어를 요리하는
나름대로의 비법을
터득해야 한다.

오감으로 쓴 시 -현대 시인 39

눈으로 쓰는 시는
눈으로 읽는다

머리로 쓰는 시는
머리로 읽고

가슴으로 쓰는 시는
가슴으로 읽는다

눈, 귀, 코, 입, 손
모두 열어놓고
온몸으로 써야
비로소
팔짝팔짝 뛰면서 읽는
명시가 된다.

시 발표 잘 하는 시인 -현대 시인 40

문학잡지에
시가 자주 눈에 띄는
시인이
시를 잘 쓰는 시인은 아니다

편집장과
친밀한 사이거나
잡지 구입 조건으로
발표하는
삼류 잡지 시인이다.

3부
완벽한 시는 없다

발표욕 ─ 현대 시인 41

시 한 편 가지고
이곳저곳
발표한다

시 쓰는 것보다
발표를 더 좋아하는
시인들

시보다
시인 이름을
크게 발표하는
포스트모더니즘 시대
문학 활동이다.

문학 강연 -현대 시인 42

문학 강연
인기 시인은
시보다
시 분위기에
빠져들게
청중을 사로잡는다

강연료
톡톡히 받고
인기관리 만점
우스갯소리
양념은 필수

코메디
명시 강의
듣고 난후
청중들은
허탈해져
돌아간다.

문학 강연의 청중 —현대 시인 43

문학 강연의 청중들은
모두가 시인들이다
주부이거나 나이 먹은
늙은이들 뿐이다

시를 모르는
사람들은
강연장에
오지 않는다

젊은이들은
전혀 관심이 없다

모두들
늦깎이로
심류 잡지 등단한 시인들이
유명 시인 강의를 듣는다.

시 따로 시인 따로 -현대 시인 44

시인의 삶이
시가 되어야
시답다

윤동주가 그렇고
이육사가 그렇고
일제강점기
독립의지
불태웠던
시와 삶이 일치한
시인들이었다

시 따로
시인 따로
따로국밥 시대
시인들은
시는 구구절절한데
시인의 삶은 말이 아니다

말놀음뿐인
포스트모더니즘 시대
시인정신
실종됐다.

시 해설 -현대 시인 45

시인이
시 해설한다

시보다
시 해설이 돋보인다

시는 해설이 아니라
그대로 느낌의 전달이 아닌가?

자기를 과시하는 걸까?
독자를 무시하는 걸까?

팔리지 않는 시집 -현대 시인 46

출판사에서
시집은 찍지 않는다
팔리지 않기 때문이다

자비출판
시집들이 대세이다

서점에서도
시집은
서가에 진열을 꺼린다

팔리지 않는 시집
자리만 차지하기 때문이다.

누구나 시를 쓸 수 있다 —현대 시인 47

누구나 한때는
시인이 아닌 사람이 어디 있겠는가

시는 누구나 쓸 수 있다
시인의 전유물이 아니다

스스로가
시인의 길을 포기했을 뿐이다.

무자격 등단 – 현대 시인 48

등단했다고
우쭐대지 말아라

문학잡지에서
개나 소나 등단제도 만들어
등단시킨 것이
어디 공신력이 있겠는가

문단에 등단이란
명망 있는 시인이 지도하여
추천하는 제도인데
잡지 발행인도 무자격
심사자도 무자격
무자격자가
등단 이름으로 등단시킨 것은
登壇이 藤團이다

단체의 葛藤을 일으킬
제사상 젯밥이다.

시인 명함 -현대 시인 49

시인도 직업인가
명함이 있다

원고료 한 푼 받지 못하고
활동비만 쓰는
시인은 백수다

백수라고 시인할 것인가
시인 백수 할 것인가

명함에는
백수 대신 허울뿐인
시인협회 단체 임원

시를 쓰는
단체도 있는 모양이다.

둥단 잡지 전속 시인 - 현대 시인 50

쉽게 시인되어
쉽게 시를 쓴다

시아닌 글로
등단 상패 받아들고
사진 찍어 알리는
가짜 시인

등단하면
뽑아준 스승도 없고
등단 잡지
전속 시인이 된다

다른 잡지에서는
시를 인정해주지 않는
잡지 동인
우물 안 개구리

여러 문학단체
이리저리 기웃거리고
인맥으로 줄을 선다.

늙깎이 시인의 소원 -현대 시인 51

험하게 살아왔습니다
죽어서라도
좋은 이름으로 남고 싶습니다

늘그막에 시인 칭호 얻어
열심히 시를 썼습니다

이웃 친지들이
시인으로 불러주었을 때
가슴이 뜁니다

이승에서
남길 말을
시로 쓰고 있습니다

제 묘비명에
제 이름 대신
시를 새겨주었으면 좋겠습니다.

시단 미아 —현대 시인 52

신춘문예 당선되고
미아가 되었습니다

당선되면
원고 청탁 빗발치고
문단의 주목을 받을 거라 기대가 컸습니다

시상식 때
축하 꽃다발과
상금으로
영광스러운 등단과 졸업장도
함께 받았습니다

신춘문예는 일회용이라는 것을
나중에서야 알았습니다.

신인상 응모 -현대 시인 53

심심해서 끄적거린 시
신인상에 응모했더니
당선되었다고 연락이 왔습니다

잡지에 심사평과 함께
시가 발표되니

시가 실린 잡지
100권은 필요하지 않겠냐고 권합니다

잡지를 팔아주는 것으로
등단이 되고
등단식에 꽃다발과 상패 주고
등단 시인 모임에 가입하는 게
등단하는 것인가요?

시인 양산 －현대 시인 54

팔지 않는 문학잡지
삼사백 개 정도
동인 중심으로 발행되고 있으니
대한민국은
시인 공화국이다

모두들
등단제도로
시인들 양산하고

대학에는 문예창작과가 생기고
백화점, 주민센터 문화강좌에
시 창작 강좌 개설되어
시 창작 열풍이다

시인들은 많으나
좋은 시는 보이지 않으니
진짜와 가짜가 모호하다

온몸으로 시를 쓰다 가신
김수영 시인의
"시여, 침을 뱉어라"라는
명언은 오늘의 예언인가?

시인과 시 평론가 ─현대 시인 55

시와 비평을 해오면서
나는
비평은 쓰잘머리 없는
군더더기라고 여겨왔다

좋은 시는 오래 남아
많은 사람들의 가슴을 울릴 수 있으나
비평의 독자는
대상 시인과 잡지편집자 뿐

옳은 말하면
형편없는 비평가
칭찬하면
주례사 비평가

귀가 간지럽고
낯이 붉어진다

비평은 아는 체하기 허세부리거나
거만해지기 십상이니
시인이 할 짓이 아니다.

시인과 학위 -현대 시인 56

박사 학위
시인들이
시를 잘 쓰는 것은 아니다

시 이론을 많이 아는 것과
시 쓰는 일은 다르다

천부적인 감각이 뛰어난
김소월, 윤동주, 이상, 기형도 시인
모두 20대에 요절했다

그들에게는
학위가 없었다

훌륭한 스승 밑에서
가르침을 받았을 뿐이다.

이런 시인이 되고 싶습니다 —현대 시인 57

세상이 아름다워질 때
시인이 되고 싶습니다

시는 생각하는 사람들의
따뜻한 사랑의 선물입니다
고뇌의 잔해입니다

사랑하는 사람이 생겼을 때
사람들은 시인이 됩니다

세상살이가 고통스러울 때
시인이 되고 싶을 때가 있습니다

시인의 눈물이
시가 됩니다
시인의
절박한 절규의 목소리가 시가 되고
감동을 주게 됩니다.

현대시 창작법 -현대 시인 58

현대시는
현대의 이야기이지
과거 어렸을 때
넋두리가 아닙니다

과거 체험이
시가 되려면
시적 변용의 재구성과
새로운 감각으로 형상화되어
다시 태어나야 합니다

과거 체험을
생생하게 기록하는 것은
복사물에 불과합니다

감동 없는 사실일 뿐입니다
시는 느낌의 표현입니다.

완벽한 시는 없다 —현대 시인 59

완벽한 인간은
아무도 없습니다

인간은
신이 아니기 때문입니다

완벽한 시는
이 세상에
존재하지 않습니다

유명한 시인의 시가
완벽할 것이라는
착각이 있을 뿐입니다.

시집발간 후 소감 -현대 시인 60

시집 내고
부끄러워지면
한 단계 성장한 거다

안 보이던
자기 결점이 보이는 것은
보는 눈이 떠졌기 때문이다

재능을 탓하지 마라
당신은 이미
성장하고 있는 것이다.

4부
시인의 행복

시 쓰는 행복 —현대 시인 61

시를 쓰는 시인이 많으면
문화가 발전한다

먹고 마시고
쾌락에 빠지는 것보다
시 쓰는 취미가
얼마나 고상하고
가치 있는 일인가

생각을 남기는 것보다
행복한 일은 없다

"나는 생각한다 고로 존재한다"
데카르트의 말대로
주체적인 삶을 살고 있는
시 쓰는 일은
인간답게 사는 일이다.

명시 탄생 비결 -현대 시인 62

욕심을 버려야
시가 살아난다

배가 부르면
헛생각한다

배고플 때
고통스러울 때
시는 빛난다

명시는
좋은 체험
깊은 생각에서 나온다.

시로 뽑은 인재 -현대 시인 63

옛날 과거시험으로
인재를 뽑았다

과거시험은
시 쓰기였다

시를 통해
됨됨이를 판단하여
인재로 썼다

한 편의 시에
그 사람의 성품과
인격이 모두 우러나오기 때문이다.

시단의 오염 -현대 시인 64

물질과 출세에
눈이 어두우면
시를 멀리하게 된다

인간적인 것보다
본능을 따라가기 때문이다

본능적인 사람이
시를 쓰면
명리적인 가치를 쫓게 된다

신성한 시단을
어지럽게 오염시킨다.

시인의 생활 –현대 시인 65

육체와 정신을
분리할 수 없듯이

배부르게 잘 먹고
좋은 잠자리에서 잘 자고
육욕을 쫓아 살아가면
시가 나오지 않는다

새는 고운 노래를 부르는 것이
생활이고

돼지는 꿀꿀꿀
먹는 것만 탐하는 것이
생활이다

시를 쓰는 생활로
즐거움을 찾는 것이
시인의 일과이다.

나쁜 소문 — 현대 시인 66

시인에 대한
나쁜 소문이 종종 있다

그 시인이 만약
시를 쓰지 않았다면
나쁜 소문처럼
나쁜 삶을 살았을 것이다

시인이기 때문에
소문으로 그치고 만 것이다
시인이기 때문에
소문이 나오는 것이다

소문은
그 사람을 좋아하는 사람이
많다는 것이다
그래서
시인은 행복하다.

시인의 행복—현대 시인 67

시를 생각할 수 있어
행복합니다

시를 쓸 수 있어
더욱 행복합니다

시인은 시를 쓰면서
자신의 존재를 발견하고
존재의 기쁨을 느낍니다

불행한 일도
행복한 시로 바꿀 수 있는 힘은
오직 시인에게만 있습니다.

노벨문학상을 위하여 -현대 시인 68

우리나라에는
노벨문학상을 받은 시인이 없습니다

시인은 많은데
왜 없을까요?

생각의 크기가
너무 보잘 것 없기 때문입니다

위대한 상상력을 발휘하는
방법을 모르기 때문입니다.

인터넷시의 홍수 —현대 시인 69

문학잡지
홈페이지마다
시가 발표된다

지면 발표 이외에도
날마다
인터넷에 쏟아지는 시들

인터넷은
시의 홍수다

댓글에 만족하는
인터넷 시인이
더 많다

함부로 남의 시를 옮기다가는
저작권법에 걸려
혼쭐 난다.

표절 시인 -현대 시인 70

가끔 남의 시를
표절하는 시인들도
더러 있다

무명 시인들의 시를
표절하여
버젓이 자기 시인 양
발표하는
양심에 털 난 시인

표절작이
원작보다
더 매끄럽다

가짜가 진짜를
뺨 때린다.

광고지 대신 시를 —현대 시인 71

문예 지원금을 받기란
하늘에 별 따기다

어렵게 받은 지원금으로
가난한 시인들
시집을 발간해주는 것은
좋은 일이다

기업의 사보에서도
시가 사라진 삭막한 시대
길거리에 광고지보다
시 한편이
삭막한 도시를
정겹게 하건만

버스정류장
광고 전단지만 너덜너덜
정신만 사납다

꽃을 심듯
광고지 대신 아름다운 시를
게시하는 것이
더 좋을 듯하다.

시의 정의 - 현대 시인 72

시는
밥도
죽도 못 됩니다

시는
그냥 사람들의 생각입니다

겪은 경험으로
이 생각 저 생각
새로운 언어로 키워냅니다

일상어가 아닌
의미를 뛰어넘은
기발하고 진솔한 표현들을
찾아냅니다

아름다움의
극치입니다
감동입니다.

시의 종류 -현대 시인 73

시의 종류는 많습니다
서사시, 극시, 정형시, 교훈시,
자유시, 서정시, 산문시, 풍자시, 사물시
축시, 우화시, 교훈시, 행사시, 낭송시
형이상시, 풍경시, 패러디시, 하이퍼시……

시대, 형태, 목적, 주제에 따라
표현 방법, 문예사조 등에 따라
다르게 표현되고
사랑받는 시가 달라지면서
새롭게 변해왔습니다

한때 나라에 따라
시인을 대접해주기도 했습니다

좋은 시는
시인다운 시인에게서 나옵니다

훌륭한 인격과 덕성은
좋은 시를 쓰는
시인의 밑바탕입니다.

감투정신 - 현대 시인 74

시를 모르고
그냥 시가 좋아서
시인들 쫓아다니다가
등단이 아니라 문학잡지 사단에서
시인 감투 상패 받아들고

동네 문인 협회 기웃거리다가
큰 감투 차지하면
시를 쓰는 것보다
감투 놀음에 푹 빠져
지방 유지 행세
거들먹거리는
감투 정신이 투철한 사이비 시인

지방 이름 붙은 "○○문학" ○호
첫 페이지에
지역 출신 국회의원,
시장, 군수, 구청장 축사, 격려사 보다
더 앞장에 대통령처럼 사진 넣은 발간사로
이름 알리는 재미에 빠졌다.

감투정신, 지역 정신
투철한 가짜 문인
간덩이가 통통 부어
황달 눈빛 번쩍거리며
마이크 잡고 연단에 올라서서
시 한 수 읊조린다

시인이면
시를 쓸 줄 알아야 시인이지
시 쓰는 일에는 관심이 없고
문학 단체 회장 노릇이
시인인 줄 착각한
넋 빠진 시인 때문에
지역 문학은
크게 발전한다

번쩍번쩍 5만 볼트
고압선 흐르는
원자력 발전소 하나 차렸다.
촉발 직전의 핵 폐기장 같은
체르노빌 시낭송으로
지역민들을 감전시킨다.

뒤에서 헐뜯는 시인 -현대 시인 75

감투정신 투철해도
일하는 시인은
아름답다

시는 쓰지도 않고
모임에도 안 나오면서
감투 쓰고 일하는
문인을 뒤에서 헐뜯는
시인의 탈을 쓴
짐승 같은 시인이
더 문제다

감투를 놓쳤거나
감투 쓰고 싶어서
안달하는
못된 송아지
궁둥이에 뿔 열 개
변종 도깨비다

껌은 단물 빠지면
그만 씹는 것이 좋다
임플란트 이로 껌 씹다가는
껌이 달라붙는다

가짜 시인과 한동네에서
얼굴 마주칠까 두렵다
시장 바닥 속물 같은
뒷북치고 꽹과리 치는
참여 시인
가는 곳마다 손가락질

솜털 귀이개를
백 개정도 가지고
다녀야 할 거다.

시인 등급 -현대 시인 76

시인들도
품격이 있다

품격이 낮은 시인
속된 시 쓴다

여기저기 기웃거리며
쓰는 일 보다 말로 시 쓰고
감투로 시 쓰고
시보다 스스로 자신을 높인다

품격이 높은 시인
향기 나는 시를 쓴다

여기저기 기웃거릴 시간이 없다
시를 생각하며 시 속에 빠져
즐겁게 살아간다

시가 곧 생활이다
시인의 등급은
시인 스스로가
더 잘 안다.

시인과 독자 ─ 현대 시인 77

고통 속에서
어렵게 쓴 시
독자에게 깨우침을 주고

고통 없이
가볍게 쓴 시
독자에게 읽는 고통을 준다

어려워서 알 수 없는 시
억지로 만든 시
제 자랑 늘어놓은 시
청승맞게 읊조리는 시
독자는 시를 외면하고
시인을 무시한다

시대가 변하면
입맛도 변한다
독자의 입맛에 맞는
시가 사랑받는다

시인은 언어의 요리사다
맛있게 먹을 수 있는 시로
독자들을 입맛을 사로잡아야 한다.

시인 칭호 -현대 시인 78

시인 칭호 팔아요
문 활짝 열어두었어요
시 5편만 보내주세요

문단 사칭
잡지사만 인정하는
시인

등단 시가 실린
잡지 필요하시죠?
30권, 50권, 10권…
많을수록 좋지 않겠어요?

시인 칭호
감사 후원성금을 많이 내시면
언제든지 시를 발표해 드리지요

시 쓰는 것보다
등단이 너무 쉽지요.

문예지 창간 -현대 시인 79

문단 정치하려면
힘이 있어야 하지
암 그렇고말고

시를 잘 쓰기 위해 힘쓰는 것보다
등단 시인을 많이 배출하여
탄환을 비축해두고
언제든지 힘을 과시하는 거야

구린내 맡고 초파리 떼처럼
먹이 다툼에 끼어들고
큰 감투 하나 차지하는 거야

스스로 문단의 모기가 되기 위해
시를 풀어놓은 등외 잡지 창간 발행인이
두고 쓰는 말
"오직 등단 시인들을 위해
빚내서 잡지를 발간합니다."
고양이 쥐 생각
"부지런히 시를 쓰세요."

시집 발간은
꼭 저에게 해주셔야 합니다.

에필로그-현대 시인 80

시가 될 수도 없는
시인의 생활 넋두리로
현대시의 이모저모
살폈습니다

시가 뭐 따로 있겠습니까
읽고
옳은 말 같고
생각해볼 가치가 있으면
고개 끄덕이면 그뿐 아니겠습니까

불완전한 인간이
시를 쓰면서
불안전한 오늘의 시 이야기를
늘어놓았을 뿐입니다.

시인 김관식

시인 김관식은 1974년에 광주교육대학 졸업하고 그로부터 10년 후인 1984년에는 조선대학교 경상대학 회계학과를 졸업했다. 이어서 조선대학교 대학원 경영학과와 회계학을 전공하여 경영학 석사학위를 1986년에 받았다. 그 후 1998년에는 한국교원대학교 대학원에서 교육사회학과 교육학 석사학위를 받았다. 쉼 없는 공부를 하여 2012년에는 한국방송통신대학교 국어국문학과를 졸업했다. 2015년 한국방송통신대학교 대학원 문예창작콘텐츠학과 문학석사학위를 취득하고 현재 한국방송통신대학교 문화교양학과 4학년에 재학 중이다.

문단 활동으로는 1976년 전남일보 신춘문예에 문학평론으로 입상을 하면서 문단에 발을 들여놓기 시작했다. 이어서 1979년에는 월간 『아동문예』에 동시로 천료 하였고, 1998년에는 계간 『자유문학』에 시로 신인상에 당선되었다.

저서로는 제1동시집 『토끼 발자국』(1983년)아동문예사에서 출간을 하였으며, 제2동시집 『꿀벌』(1990년)동화문학사에서 출간, 제3동시집 『꽃처럼 산다면』(1996)아동문예사에서 출간, 제4동시집 『햇살로 크는 바다』(2000)교단문학사에서 출간, 제5동시집 『화분 이야기』(2007)아이올리브에서 출간, 제6동시집 『바람개비 돌리는 날』(2007)아이올리브에서 출간, 제7연작동시집 『속삭이는 숲 속 노래하는 나무들』(2007) 태극에서 출간, 제8연작 동시집

『물속나라 친구들』(2008) 아이올리브에서 출간, 제9동시집 『가을 이름표』(2008) 아이올리브에서 출간, 제10연작 동시집 『우리나라 꽃135』(2008) 아이올리브에서 출간, 제11연작 동시집 『아침이슬83』(2013) 책마중에서 출간, 제12동시집 『이슬에게 물어봐』(2015) 도서출판 해동에서 출간, 제1시집 『가루의 힘』(2014) 도서출판 해동에서 출간, 제2시집 『연어의 귀향』(2016)문창콘에서 출간, 제3시집 『민들레꽃 향기』(2016)문창콘에서 출간, 문학평론집 『현대동시인의 시세계-호남편』(2013) 책마중에서 출간, 문학평론집 『현대 한국시인의 시세계』(2016) 문창콘에서 출간, 전설집 『나주의 전설』(1991년) 나주문화원에서 지원받아 출간했다.

  그동안 출간한 책이 12권의 동시집과 3권의 시집, 문학평론집 2권, 전설집 1권 18권으로 현재 출간 준비 책을 포함하면 20여권이 될 것으로 보이는 다작의 시인이다.

김관식 시인의 수상으로는 1986년 제11회 전남아동문학가상 수상을 시발점으로1997년 제16회 아동문예작가상 수상, 2000년 제3회 교단문학상 수상, 2006년 제6회 대한민국 공무원문학상 수상, 2009년 한국시 문학대상 수상, 2015년 제1회 육당 최남선 신문학상 수상, 2015년 제40회 노산문학상 수상, 2016년 월간 시see 제1회 시평론상 수상을, 2016년 제7회 백교문학상 대상을 수상했다.

문학단체 활동으로는 국제펜클럽 한국본부 회원이며, 한국문인협회 회원, 한국자유문인협회 회원, 한국현대시인협회 회원, 한국아동문학인협회 회원, 한국동시문학회 회원, 한국아동문예작가회 회원, 한국아동문학회 회원, 한국산림문학회 회원, 양천문인협회 회원, 서초문인협회 회원, 나주문인협회 초대회장 역임, 월간 『한국시』 신인 추천위원 및 심사위원, 월간 『지필문학』 자문위원 겸 신인 심사위원 역임, 현재 『별밭』 동인, 계간 『백제문학』 『가온문학』 신인 심사위원, 계간 『시와 늪』 주필 겸 신인 심사위원으로 활발한 활동 중이다.

현재 한국교총 교육개혁위원(2016-2917)이며, 경기도 부천시 부천남초등학교 재직 중이다.

국립중앙도서관 출판예정도서목록(CIP)

시인 백서 / 지은이: 김관식. -- 부천 : 가온, 2016
   p. ;   cm
ISBN 979-11-85026-45-9 03810 : ₩8000
한국 현대시[韓國現代詩]
811.7-KDC6
895.715-DDC23   CIP2016024825

시인 백서

지은이 · 김관식
펴낸이 · 김정현
등 록 · 2011년 7월 14일
발 행 · 2016년 11월 1일
펴낸곳 · 도서출판 가온
주 소 · 경기도 부천시 부일로 749번길 9, 4층 F2호
전 화 · 02-342-7164
팩 스 · 02-344-7164
e-mail · kjsh2007@hanmail.net
ISBN · 979-11-85026-45-9
가 격 · 8,000

무단전재와 복제를 금합니다.
도서출판 가온은 농인聾人과 함께합니다.